ROMA INDÓMITA Y CANALLA

vagamundos

Editado por Ediciones Traspiés
www.traspies.com
foto@traspies.com

© de los textos Julio Ocampo
© de las ilustraciones Martí Viladomat Llorens
© de la edición Ediciones Traspiés, S. L.

Código IBIC: WTL WTH
ISBN 978-84-126267-9-7
Depósito Legal: GR 520-2024
Impreso en MasQueLibros

PRÓLOGO

Dice la tradición que Augusto le pidió a Virgilio que escribiera un poema para celebrar la *gens Iulia* a la que pertenecía. El poeta aceptó, pero en lugar de cantar la gesta del emperador y la Roma de entonces se refugió en la mitología, narrando un pasado lejano donde un héroe, Eneas, salió en busca de una nueva patria obedeciendo a los dioses, así marchó de Troya a la región de Lacio, donde pondría las bases de lo que sería la futura Roma, que tres siglos después fundaría Rómulo.

Eneas, que no tenía nada de homérico, que conoció el dolor y el tormento, el sufrimiento y la renuncia, se asentó en un terreno en las antípodas de la majestuosidad, del poder y la perfección gallarda. *La Eneida* dibuja una Roma campestre, agraria, pastoral y carnal. Hablamos del siglo XI a. C. La realidad es que poco o nada ha cambiado. Y esa es la ciudad que queremos mostraros en estas páginas, un ciudad que se mueve entre la confusión y la contradicción, la magia y la poesía.

Porque la Roma que habita en este libro dista mucho de la que se ofrece a los turistas. *Roma indómita y canalla* nos muestra una ciudad inconexa, aunque llena de alma. En ella se pueden comer habas fritas con queso pecorino, comprar leche recién ordeñada o ver el espectáculo de las gaviotas que merodean por la basura, y que han olvidado su hábitat natural: el mar. Roma son obras en un metro a punto de explotar, una calzada a medio hacer o un avispón europeo a la caza de abejas en el Palatino. En Roma, además, puedes encontrar lechuga fresca en los arcos de un acueducto periférico, pescar anguilas en el Tíber o jugar al balompié en los múltiples campos de fútbol surgidos espontáneamente por la ciudad. Esta Roma virgen, indómita y canalla, es la que os invitamos a descubrir.

ROMA INDÓMITA Y CANALLA

JULIO OCAMPO
ILUSTRADO POR
MARTÍ VILADOMAT

Antica città dei Gabii

El área arqueológica de la antigua ciudad latina de Gabii está situado aproximadamente a veinte kilómetros de Roma, en dirección este, concretamente en el *XII miglio* de la via Prenestina antica y no demasiado lejos de un cráter volcánico, el lago Castiglione, en su día lleno de un importante espejo de agua. Hoy lógicamente está seco.

El recinto Gabii se remonta a la época protohistórica, y fue, junto a Tibur y Praeneste, una de las ciudades que controlaban el valle del bajo Aniene. En definitiva, era un epicentro político y cultural relevante, fundamental en el *Latium Vetus* antes del ascenso de Roma con Rómulo a la cabeza. De hecho, ya en época romana, fue frecuente la construcción de muchas residencias imperiales aprovechando el trazado de la Via Consular Prenestina. César, Augusto,

Adriano... e incluso el poeta Plinio el Joven vivieron allí.

Pese a que a día de hoy se conserva sobre todo el templo de Giunone Gabina (uno de los más antiguos del Bajo Lazio), no hay que olvidar lo que dicta y dictó siempre la leyenda que se cuenta sobre esa zona: que la ciudad fue fundada por los latinos de Albalonga. Además, según la tradición, Rómulo y Remo estudiaron allí. Aprendieron letras clásicas, música y el uso del armamento griego. Las ruinas actuales, un parque arqueológico abierto al público, no hacen sino testimoniar el legendario pasado de la campaña romana, pura, virgen, cruel y vanidosa.

No olviden visitar, en el lado occidental del recinto sacro, el área dedicada a la diosa Fortuna. Está llena de materiales votivos en terracota, ungüentos, joyas, cerámicas y otras ofertas que otrora hicieron los fieles a dicha divinidad.

Cómo llegar

El área arqueológica de Gabii se encuentra en la Via Prenestina, km 19.300. Desde Termini es una odisea, pero se puede llegar. Tomamos el metro A dirección Anagnina y bajamos en San Giovanni, allí cogemos la línea C hasta Finocchio, ya a pié giramos a la izquierda por Via de Rocca Cencia, seguimos todo recto,

atravesamos Prenestina Nuova y llegamos hasta Osteria dell'Osa. Allí está la Prenestina Antica. A la derecha, nuestro destino.

También podéis contactar conmigo. Os bajáis en Alessandrino. Ahí os recojo y comenzamos una ruta de 18 kilómetros a pie, con buenas botas y una cantimplora. Recorreremos la Casilina en paralelo a las estaciones abandonadas del tranvía centenario Laziali hasta llegar a la altura de Finocchio, el recorrido desde aquí ya es igual al del trayecto anterior.

Sugerencias

El trayecto nos ofrece cuatro paradas obligatorias: en la Casilina, a la altura del metro Bolognetta, hay una tienda de ultramarinos rumana donde la chistorra es excepcional. Antes, por cierto, está el castillo de Torrenova, donde he visto a gente llamar al timbre y salir corriendo, sin esperar respuesta. Ya junto a Gabii hay dos lugares que debemos visitar, uno para comprar petardos, el otro es Fly Roma donde podremos montar en globo o en helicóptero.

Camerata Nuova

Sergio Corbucci pensó, quizás por necesidad, que era más barato grabar en las montañas de Camposecco, a 1300 metros de altura, que viajar hasta Almería o Arizona. "Todo comenzó con la película *Le llamaban Trinidad*, cuando Bud Spencer y Terence Hill estuvieron tres meses por estos lugares perdidos. Luego llegaron Klaus Kinski, Franco Nero..." Esta frase es tan potente que da igual quien la pronuncie, pero si quien lo hace es Vincenzo, el dueño del único bar del pueblo (Del Moro, en Viale del Popolo) adquiere más relevancia. A la postre más de cincuenta *western* se rodaron en la zona.

Vincenzo, cuyo hijo elabora un estupendo bizcocho de pera, chocolate y frutos secos, conserva el mayor archivo fotográfico original de aquella época de vino y rosas. Esta localidad de 400 habitantes, situada en la región de Lazio, a setenta kilómetros de Roma, fue la Cinecittà de las montañas perdidas, donde se hacían principalmente películas de serie B.

"Por el pueblo aún hay gente que te puede contar anécdotas curiosas. Gente que participó como figurante, que prestó sus caballos para rodar escenas. Por cierto, subían y bajaban todos los días. Arriba, en invierno, podía nevar", nos cuenta delante de una foto original de Lucio Dalla, quien participó con Rita Pavone en alguno de estos míticos *western* a la italiana. Lo dicho, hablen con Vincenzo. Les contará de todo mientras les sirve un buen café con anís, un bollo, y les mostrará sus fotos míticas con una contagiosa sonrisa.

Cómo llegar

Desde Termini, cogemos el metro B dirección Rebibbia y bajamos en Ponte Mammolo. Allí tomamos un bus Cotral dirección Tivoli, donde bajamos y cogemos otro bus Cotral dirección Camerata Nuova.

En coche el trayecto es fascinante. A la altura de Viale del Portonaccio, cerca de la estación de tren y metro Tiburtina, aparece la Via Tiburtina. Hay que seguir todo recto pasando Salone, Tivoli, Carsoli... hasta llegar a Camerata Nuova. Allí Vincenzo te facilita un precioso mapa hecho a mano para alcanzar la cima, donde están Camerata Vecchia y Camposecco, donde de rodaban las pelis. Este tramo te evita el peaje, y además se pasa por la región de los Abruzos. La subida de adrenalina merece la pena. Por el camino podemos encontrar puestos con habas, según la época, claro.

Sugerencias

Es recomendable subir a pie a Camposecco o contactar con la asociación de trekking Camminando Con. Su responsable es un tipo extraordinario que se llama Gian Paolo. En noviembre suelen hacer excursiones, y el paisaje, todo nevado, es precioso. Quién sabe si Corbucci no llevó allí a Kinski para rodar *El Gran silencio*. No hay pruebas de que que

lo hiciera, tampoco de lo contrario. Lleven siempre una cantimplora a medio llenar, porque los manantiales son extraordinarios. Hay zonas de acampada, sí, donde Bud Spencer se hartó de repartir tortas.

La milla de arte

Es lo más parecido al muro de Berlín que puedes encontrar en Roma. Se encuentra en el barrio de Torraccia, no demasiado lejos de San Basilio (periferia noreste de la ciudad). Se trata de un museo *Street art* con una longitud que supera el kilómetro y medio.

Realizado por la Asociación Arte e Città a Colori, es el enésimo proyecto de recalificación de los suburbios a través del arte urbano. En este caso han intervenido, pintado, los paneles protectores anti ruido del carril bici peatonal que lo separan del Grande Raccordo Anulare. "Es quizás la obra de *street art* más grande de Europa y una de las más extensas del mundo", confiesa Francesco Galvano, el padre de todo.

Más de cien grafiteros llegados de todas las partes del mundo crearon esta obra maestra en medio de la nada. Algo así como sucedió en el Museo dell'Altro e dell'Altrove (Via

Prenestina), donde Borondo, Solo o Diamond decoraron sus paredes para convertir lo que fuera una vieja fábrica de embutidos en un museo de arte contemporáneo, ahora viven allí unas doscientas personas, razón por la que ya no pueda ser derribado por la Junta.

Dos cosas interesantes de la milla de arte: hay una imagen de los jueces Falcone y Borsellino, asesinados por la mafia en 1992. Lo orquestó todo Toto Riina, un capo mafioso siciliano capturado por *Capitano Ultimo*, hoy un ex guardia civil retirado que vive con escolta y se dedica a adiestrar halcones. Bien, pues fue él quien inauguró ese páramo

agreste lleno de luz y color en el corazón de Torraccia. Todo cuadra.

Cómo llegar

Aunque podría resultar más práctico alquilar un coche, coger el GRA y tomar la salida doce (famosa por albergar la central lechera) aún a costa, incluso con ayuda del navegador, de perdernos, mayor aventura es coger el metro en Termini, línea B, dirección Jonio, donde nos bajamos, es la última parada, para tomar el bus 344. Tras más de veinte paradas bajamos en Cappi. Hora y media después y atravesando lugares insólitos y salvajes llegamos al Hotel Imperatori, punto donde comienza la milla de arte, y uno de los pocos sitios de Roma donde no tendrás problemas para encontrar aparcamiento, si te decantas por esta opción, y no te pierdes en el camino.

Sugerencias

Hay un gimnasio de artes marciales, en mitad del polígono, donde dicen que se entrena el nieto de Bud Spencer, pero todo podría ser una leyenda. En el barrio comentan que practica MMA. El gimnasio se llama Heaven Sporting Club. Fuera sirven bocadillos de porchetta (cerdo deshuesado al horno con aromas y especias) y cerveza Peroni helada.

Y para el postre helados de pistacho y crema de cacahuete, pregunten por allí. En el bus lean relatos de Raymond Carver y John Cheever, o de Moravia y su crítica feroz, hoy ya manida, sobre la burguesía romana.

Minas de travertino

Esta sería una ruta, además de la de Gabii o Camerata Vecchia, de las llamadas *fuori porta*, ubicadas lejos de la ciudad, pero no demasiado. Resulta que haciendo caso a las guías convencionales sobre Roma, una de las rutas que proponen fuera de la ciudad es Tivoli, donde están Villa Adriana y Villa D'Este. Pues camino de esos dos lugares, a lo largo de la Tiburtina se encuentran también las minas de travertino, cuya extracción está gestionada por varias empresas.

Están todas ahí, en mitad de la nada, tras enormes y oxidados portones. La gente pasa casi sin percatarse de la existencia de esos páramos kársticos donde se forman simas y cuevas. Porque el travertino, una roca sedimentaria que se puede formar en recintos termales, es una cosa seria. Tanto que media Roma está hecha de ella, ya sea de un tipo u otro. A destacar el Navona: roca calcárea de depósito químico sub aéreo. De formación reciente, en aguas saturas de carbonato de calcio, su aspecto es poroso, con una cierta coloración marfil tirando a crema.

Mi empresa favorita es Giansanti, pero no porque quiera hacerles publicidad, sino porque dentro de su sede tienen estatuas de Bernini, Nerón, Adriano y San Antonio. En travertino, por supuesto. Esta empresa de extracción tiene más de cincuenta años. El apellido es el de una familia noble romana del siglo XIV. Uno de sus miembros fue secretario del Papa Clemente VII. ¡Hasta allí se remontan los Giansanti!

Cómo llegar

En Termini tomamos el metro B dirección Rebibbia hasta Ponte Mammolo, donde cogemos un bus Cotral (los azulitos; son más caros pero uno se puede colar) dirección Tivoli. Una vez allí cogemos el mismo bus pero de vuelta hacia Roma y nos apeamos en Via Nazionale Tiburtina km. 25,350. Esa zona en concreto es de dirección única. En la ida hace un desvío para atravesar el pueblo y luego no pasa por ahí. Otra opción es ir en coche. Partimos desde Termini hacia el Grande Raccordo Annulare, dirección Tivoli,

23

una vez allí volvemos hacia Roma parando en Via Nazionale Tiburtina, nuestro destino. Es conveniente preguntar a los taxistas de Termini cómo se coge el GRA.

Sugerencias

Es aconsejable, una vez en Tivoli, cerrar los ojos, y evitar así ver la herencia del turismo de masas, justo ahora que apenas acude. Ciudades artificiales, desnortadas, sin identidad de ningún tipo. Las minas son el mejor remedio para combatir esa *proficua*, pujante, insurgente y contingente sensación de malestar. ¡Perdón por las incorrecciones!

Lagos y cabras

Encajonado entre la Via Prenestina, Casal Bertone y Via Portonaccio, el lago Ex Snia surge espontáneamente en un área industrial que en su día albergó una fábrica textil llamada CISA Viscosa, cerrada en 1954. En los noventa, los terrenos fueron cedidos a una inmobiliaria, y del barrio nació una flor: un accidente en la construcción de un parking subterráneo creó repentinamente un oasis acuático, alimentado por un antiguo río de la zona, un afluente del Aniene llamado Fosso della Marranella. Quien escavó no sabía eso, ni sabía que más abajo del *Fosso* había una falda acuífera con agua mineral muy pura. Hoy todo eso es un monumento natural en contraposición del cemento y los andamios.

El listado de trabajadores y salarios de esa antigua fábrica se encuentra en el Centro

de documentación Maria Baccanta-Archivo
Histórico La Viscosa, situado en la Via Prenestina 175. Ubicada entre el lago y los restos
espectrales de la vieja fábrica. Imponente
como cualquier pequeña ciudad industrial
del norte, junto a Los Alpes.

De la tutela del espacio y la preservación
de la memoria se ocupan la asociación Stalker,
que organiza rutas extremas por la urbe. Una
de ellas comienza en la Prenestina, enfrente
del Archivo, y termina en el Parco de los
Acueductos. El objetivo es no pisar cemento
urbano. Ávidos de naturaleza, rompen candados de zonas verdes abandonadas, asaltan
jardines y sí, acarician las cabras montesas
que campan a sus anchas en un pedazo de
campo entre la Prenestina, Via Maddaloni
y Acqua Bullicante. Si buscan en Google
maps se puede ver un espacio tremendo en
blanco, sin ningún tipo de dato, o señal de
civilización. Como si no estuviera identifi-
cado. Como un ovni... Viscoso. Blanco en
lugar de verde. Ahí es.

Cómo llegar

Desde Termini caminamos hasta Porta
Maggiore. Cogiendo la Via Giolitti es más
directo y se puede apreciar la arquitectura
metafísica, inspirada en Sironi, Guttuso y

De Chirico, de la estación central, además de un trozo de las murallas Servianas (s. VI a.C.), que en su día protegieron las siete colinas y que alguién inteligentemente decidió preservar. En Porta Maggiore (donde confluye una red hídrica de acueductos en la antigua Roma) cogemos el tranvía 19 y descendemos en la parada Acqua Bullicante: una vez allí a un lado nos encontramos con las cabras y, en dirección Portonaccio, está el lago.

Sugerencias

Las cabras se asoman a la Prenestina en verano. Están separadas de la calle por una verja que los chicos de *Stalker* rompen a menudo. Entre la verja y la calle, en la acera, hay una floristería regentada por pakistaníes. La albahaca o menta romana que venden es un placer que quita el sentido.

Iglesia de Don Bosco

En realidad es una parroquia, aunque todos la llaman el San Pedro de Don Bosco, por el barrio donde se ubica y por su enorme cúpula. Es, junto a la iglesia Dives in Misericordia (realizada por Richard Meier en Tor Tre Teste para celebrar el Jubileo del año 2000) y la de Santa Maria Madre del Redentore (suburbio de Tor Bella Monaca), una de las joyas de la corona, donde combinan perfectamente el arte sacro cristiano y el arte contemporáneo. Recuerden que el Vaticano lleva años ya asistiendo a la Bienal de Venecia.

Si Roma fuera un insecto su estado sería siempre el de crisálida, momento quiescente previo al de adulto. La iglesia de Don Bosco se inauguró en el año 59 con una solemne consagración llevada a cabo por Benedetto Aloisi Masella, protector de la congregación Salesiana. Al día siguiente la visitó el Papa Juan XXIII, y ya todo cambió para siempre.

Encajonada entre la Via Palmiro Togliatti, la Tuscolana, el aeropuerto de Centocelle y los estudios Cinecittà (la casa de Fellini y Sordi, entre otras), Don Bosco dio la vuelta al mundo cuando en 2015 acogió el funeral de Vittorio Casamonica, con música de El *Padrino*, carrozas de oro, caballos negros, un Rolls Royce y pétalos de rosa lanzados desde un helicóptero. Quizás lo de menos era saber que se trataba de un capo criminal de un clan romano. Además, según una sentencia judicial del Supremo, no se les puede llamar mafia, ni siquiera asociación de corte mafioso. Todavía siguen operando por allí, y en la Romanina, al otro lado del Grande Raccordo Anulare. Era la iglesia que veía Ana Magnani cuando se asomaba a su ventana en la película *Mamma Roma*.

Por cierto, cuando terminó la función religiosa de Vittorio dejó de sonar Nino Rota para comenzar la célebre banda sonora de *2001. Odisea en el espacio*. Se podían ver dos enormes carteles: Rey de Roma y Conquistaste Roma, ahora lo harás en el paraíso.

Cómo llegar

En Termini cogemos la línea A del metro en dirección a Anagnina y bajamos en Subaugusta. Antes de cruzar la Tuscolana para alcanzar el barrio de Don Bosco, es recomendable tomar un café en el bar Meo Pinelli. Suele aparecer de vez en cuando Ninetto Davoli con sus rizos blancos.

Sugerencias

Para comprender el racionalismo arquitectónico que eligió Gaetano Rapisardi para esta parroquia es muy recomendable visitar antes el barrio EUR 42, en dirección al mar

de Ostia. Es un decorado teatral sin alma, pero muy inspirador. Lleno de sombras, y ya sabemos que el pintor metafísico De Chirico decía que cualquier sombra es más enigmática que la religión. Allí, en el EUR, rodaron Fellini y Antonioni... Y Hopper, en el hipotético de haber hecho cine en lugar de pintar cuadros estupendamente.

La Vela de Calatrava

Primero se utilizó como set de la serie *Suburra*. Después le tocó el turno a *Six Underground*, también de Netflix. Lo cierto es que el monstruo del desierto que diseñó Santiago Calatrava para el Mundial de natación de 2009, celebrado finalmente en Ostia, nunca se terminó. La vela, enésimo monumento incompleto de la urbe, habría sido la flor y nata de la Ciudad Deportiva Universidad Tor Vergata, incompleta por falta de fondos. Queda el desierto y el juego de luces metálicas que se cuelan por los más de doscientos arcos que construyó el arquitecto valenciano en tres años de trabajo.

Sería interesante que Calatrava supiera que, para la autoridad italiana, no es una construcción funcional, y consecuentemente no apta para su inauguración. Del sueño no consumado se pasa a otro: al no poder destruirse por ser una obra de arte, se piensa en reciclar algunas partes construyendo un huerto botánico *hi tech*, que el propio Calatrava ya proyectó mientras creaba esta pirámide de acero. Para completar la obra, según arquitectos de la Universidad, se necesitarían cuatro años más de trabajo y algo más de 400 millones de euros, a los que habría que sumar los 210 ya invertidos.

Tras la pandemia, el nuevo capital no irá destinado a estructuras de *archistars* que, como ésta, ya no son estratégicas. En este sentido, el MAXXI de Zaha Hadid o la iglesia Dives in Misericordia de Tor Tre Teste (diseñada por Richard Meier para el Jubileo del 2000) siguen mofándose de la prodigiosa y sibilina vela blanca, la estructura del salvaje este romano. Aun moribunda, son necesarios 120.000 euros al año para darle vida.

Cómo llegar

Es muy difícil, casi imposible pero se puede. Lo podríamos llamar excursionismo metafísico o distópico. En Termini cogemos el tranvía Laziali y bajamos en la última parada: Parco di Centocelle. Después, continuamos a pie por la Casilina hasta la Via Alessandrino. Ahí cogemos el bus 552 que nos deja en la Universidad Tor Vergata, atravesamos Torre

Maura y Torre Spaccata, donde hay paste-
lerías que te venden diez croissants por tres
euros. Con la mochila llena, desde el campus
caminamos casi dos kilómetros por la Via
Michele Pantanella y llegamos a la primera
de las tres verjas que la circundan y protegen.
Todas rotas, oxidadas, con candados y chapa
para disuadir. Desde ahí, está a 150 metros.

Sugerencias

Hay que armarse de paciencia, llevar botas
cómodas, comida y agua. Durante el camino
aparecerán puentes que atravesar, lugares
prohibidos con erizos para cruzar... Y se
nos ofrecerá la posibilidad de rezar en la
parroquia de la Universidad. Las villas colin-
dantes a la vela están repletas de mansiones
ilegales. Todas construidas con nocturnidad
y alevosía, las calles carecen de aceras, para
aprovechar el terreno.

Vittorio Sgarbi

Evidentemente no es un lugar para visitar, pero él, por sí solo, es una institución, como LeBron James, Marlene Dietrich, Marlon Brando, Franco Battiato o Cristiano Ronaldo. Scarbi es el actual alcalde de Arpino, provincia de Frosinone, cerca de Roma. Su sueño era ser el primer ciudadano de la capital. De hecho, se presentó a las elecciones, pero las perdió. Es escritor, político, autor de piezas teatrales, coleccionista y crítico de arte. Hombre culto y fuera de cualquier estereotipo, es frecuente encontrarle paseando por Roma. Últimamente fue acusado de robar un cuadro, aunque no se pudo demostrar nada. En su casa, entre un mudo de libros, siempre suena Mahler.

Vittorio Sgarbi dimitió como gestor cultural (conflicto de intereses) del ejecutivo de Giorgia Meloni. Es íntimo amigo de Giordano Bruno Guerri, quien escribió el libro *La sangre del sur*, una bocanada de aire contracultural sobre la unificación de Italia, la colonización del sur por el norte. Una anti-historia perfecta para esta anti-guía. A ambos les fascina Caravaggio y Gabriele D'Annunzio.

Sgarbi, cuya hermana dirige la revista de cómics *Linus*, es el único no-lugar de esta anti-guía. Si alguna vez es alcalde, confiesa, la primera exposición que celebrará será la de su amigo Antonio López, a quien considera el mejor artista vivo del momento. En cierta ocasión lo sacaron del Parlamento a la fuerza, agarrado de pies y brazos. Parecía el Cristo de Mantegna.

Cómo llegar

Si no se lo encuentran paseando de madrugada por Piazza Venezia o en el Trastevere (es insomne), lo más fácil es alquilar un coche en Via Veneto y plantarse en Arpino. La zona es territorio de asentamientos etruscos, además de lugar de níscalos y jabalíes. En cualquier restaurante los preparan con pasta y tomate. Próxima a la zona están las salinas de Ostia, donde se pueden ver pelícanos. En el pasado abastecían de sal a la ciudad y suponían en muchos casos la retribución de los soldados en las legiones romanas. De aquí deriva el término salario. También, cerca de Viterbo, están las termas del Acqua Bullicame, son gratis. De ellas habló Dante en su infierno.

Comentarios

Cuando entrevisté a Sgarbi, hablamos de las correrías del Rey Emérito español, de la necesidad de reducir las jornadas laborales a dos horas diarias de lunes a viernes, hablamos de arte, de Roma vista de madrugada, de basura, de todo. Es la no entrevista porque jamás fue publicada. Vittorio está de acuerdo con Berlusconi y la escritora Natalia Ginzburg, ambos ya fallecidos, "Los sentimientos y el dinero no se pueden tener guardados".

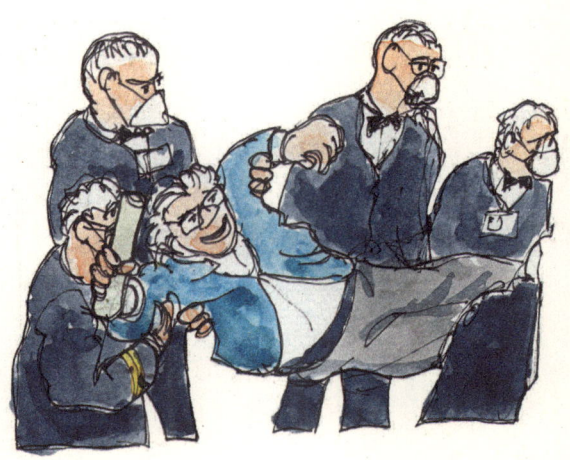

Estación Prenestina

Es una de esas estaciones romanas que pare-
cen no estar. Hay varias así: Salone, Palmiro
Togliatti, Ponte di Nona o La Rustica. Todas
llevan desde Termini a Tivoli, donde otrora
se podía disfrutar de la Villa Adriana y Villa
D'Este, la que nos ocupa, y que se encuentra
no muy demasiado lejos de la Via Prenestina,
situada en un lugar metafísico entre Casal
Bertone y Villa Gordiani, justo enfrente del
Parque Pasolini y a pocos pasos de la parroquia Sant'Agapito Martire.

El área es famosa porque allí jugó algunos
partidos de fútbol, en su infancia, Ninetto
Davoli. También por haberse creado, espontáneamente, socavones bajo tierra que ahora
son preciados para coger trufa o níscalos. Y
porque allí, en 1954, se estrelló el aeroplano
Douglas DC-6 de la compañía Philippine
Airlines, que hacía Manila-Londres con escala

en Beirut. Ciampino, en las proximidades del lugar, sería su última escala. Según el diario clandestino local, que reedita la asociación Stalker (psicoantropología urbana), murieron las 16 personas que se encontraban a bordo. Ni siquiera fue posible recuperar sus almas. El diario *La Zattera* reporta en la edición de 2021 declaraciones exclusivas de algunos testigos. Como la de Elena Rossi "Estábamos en la terraza. Escuchamos la explosión del motor de un avión que nos sobrevolaba. Hacía zigzag, y caía... Intentó un par de veces retomar el vuelo, pero no fue posible".

Actualmente en la zona hay un cartel que indica la distancia existente desde Prenestina hasta Manila: algo más de diez mil kilómetros. Es el homenaje a un lugar, a unas víctimas, que los habitantes de la zona no quieren olvidar.

Cómo llegar

Desde Termini cogemos el tren regional dirección Tivoli/Avezzano. Han puesto tornos y hay que pagar: el ticket cuesta 5,20€.

Para ir gratis o, como mucho, abonar el ticket individual urbano (1,5€) es conveniente caminar desde Termini hasta Porta Maggiore por la Via Giolitti. Una vez allí cogemos el tranvía 19, aunque el 14 también nos sirve.

Ambos recorren la Via Prenestina. Bajamos en la estación Telese y hacemos a pie la Via della Stazione Prenestina. Diez minutos andando y nos la encontramos de frente, como si de un lugar de ciencia ficción, por irreal y apocalíptico, se tratara.

Sugerencias

Es frecuente en cualquier rotonda ver a algún señor, con su navajilla, cortar hierba. No se asusten, ni tampoco la coman. Aquí no hay espárragos, alcaparras o rúcula salvaje. Es hierba para los conejos. Es una zona popular donde romanos, calabreses, gente del este de Europa y pakistaníes viven amigablemente. Al menos eso parece, bien es cierto que Roma nunca se llevó bien con Calabria, siempre tuvo dificultad para aceptarla.

Templo de Roma

Solía pasar por Via di Settebagni cuando aún estaba en obras esa argamasa mastodóntica que tomaba forma en medio del desierto romano. No sabía de qué se trataba. Los obreros, en medio de un ruido ensordecedor producido por el tráfico y la maquinaria, me respondían con elocuencia cada vez que les preguntaba que qué era ese edificio contracultural y arrogante: "Los Borbones, los Borbones" decían, o eso era lo que yo entendía, y lo hilaba rápidamente con el movimiento Neo Borbónico de Nápoles. No sospechaba que se trataba de los mormones, los mormones... Que era mi oído, y mi ilusión por recuperar un pasado ilustre español en Italia lo que me traicionaba.

La Iglesia de Jesús de los Santos de los Últimos Días es la enésima escisión del cristianismo en Roma, y en el mundo. Es tal el protagonismo pretendido por todos que no pueden evitar manifestarlo. Así, tras ocho años de obras, vio la luz el mayor templo de Europa, un prodigio de magnanimidad y exotismo *made in USA*.

Mármoles de Carrara, lampadarios de Murano, ornamentos de oro y *lapislazzuli,* además de una piscina para el bautismo donde los fieles, ojo, se pueden bautizar en nombre de sus difuntos para convertirles en mormones y así poder disfrutar juntos de la vida eterna. Eso y unos deliciosos jardines abiertos al público permanentemente componen este conglomerado situado en la periferia romana en permanente conexión con Salt Lake City, y todo para perpetuar el recuerdo impertérrito de las revelaciones místicas que tuvo un chico de Vermont (Joseph Smith) en 1830 tras leer el Nuevo Testamento y las enseñanzas del antiguo profeta mormón. No son teosóficos.

Cómo llegar

Desde Termini es casi imposible llegar, pero se puede. Tomamos el bus 105 en Piazza Cinquecento, recorreremos buena parte de la via Nomentana atravesando Porta Pia, donde los *bersaglieri* obligaron a claudicar a los Estados Pontificios en 1870. Nos bajaremos en Piazza Sempione donde podemos comprar altramuces en el kiosko Ponte Tazio mientras esperamos al bus 86 hacia Bufalotta/

Settebagni. Desde ahí continuamos a pie por la calzada, ya que es difícil encontrar acera alguna, devoradas en los suburbios por el ansia y la especulación inmobiliaria. Tardaremos 2 horas aproximadamente.

Sugerencias

Es recomendable pedir cita en la web antes de ir, pero una vez dentro lo ideal es visitar, en el último piso, el tremendo archivo digital de todos los árboles genealógicos del planeta. Allí se anida una importante miríada de voluntarios que digitalizan montañas de certificados de nacimiento. Una planetaria caja fuerte de nombres está disponible para cualquier osado que pretenda rastrear ramas remotas de su familia, y poder bautizarse por ellos. Lo de la privacidad y demás será para otras guías o anti guías.

TuliPark

"Era una zona ocupada por gitanos. Había más de cincuenta chabolas. Antes, hasta 2018, era un lugar contaminado con toneladas de residuos tóxicos. Una basurero a cielo abierto. Ahora tenemos una zona verde con 300.000 tulipanes. Es un *self-service* donde cada persona se puede construir un ramo personalizado. Llegan importados de Holanda para ser transplantados aquí. Más de cien tipos de tulipanes diferentes. La gente paga un ticket de ocho euros y se puede llevar tres ejemplares. Si quiere más, un euro y medio cada uno. También hay ofertas para las parejas".

"En la entrada hay chicas que te explican cómo funciona Tulipark, cómo se deben recoger las flores. Es simple: basta cogerla por la parte de abajo y tirar fuerte hacia arriba. No son necesarias tijeras ni cuchillos. Se aportan cestas para no dañarlas."

Las palabras son de un empleado de este singular lugar de Roma, encajonado entre la zona urbanística Casilino 23 (barrio Prenestino-Labicano) y el Mausoleo de Helena, la madre de Constantino. TuliPark es el primer vivero de tulipanes de Italia, presente en Roma y Bolonia. Un paraíso de colores y perfumes que se extiende en una zona equivalente a seis campos de fútbol (56.000 metros cuadrados). Hay tulipanes negros y un zueco gigante holandés pidiendo a gritos ser retratado. ¡Falta Cruyff!

Cómo llegar

Desde Termini cogemos el metro A y bajamos en la estación San Giovanni. Una vez allí tomamos el metro C hasta la estación Teano. Caminamos por Via Teano hasta alcanzar Via dei Gordiani, necesitaremos unos quince minutos aproximadamente para llegar a nuestro destino. No hay que olvidarse del campamento nómada de Via Teano. La ingente cantidad de basura acumulada fuera invita a comprar, en un chino, un marco pequeño, coger una cámara de fotos y enmarcar retazos de poesía. Los hay; lo puedo asegurar. La técnica es sencilla, seleccionamos lo que queremos inmortalizar: un preservativo rosa o una pelota de tenis negra... lo encajamos

51

dentro de nuestro recien adquirido marco y lo fotografiamos. Poesía de basura.

Sugerencias

Podemos disfrutar del espectáculo totalmente gratis, para ello lo mejor es quedarse fuera de la alambrada y fotografiarlos, porque no hay guardias que lo impidan. Y si lo que se quiere es comprar sólo un tulipán, sin pagar el precio de la entrada, es conveniente negociarlo fuera, clandestinamente, con los que vayan a entrar. También se les puede esperar a la salida, donde te podrían revender uno. ¡Como en el fútbol!

Es interesante, ya que nos pilla a mano, pasar de la Casilina a la Prenestina por Via dei Gordiani, para después visitar la Villa y por último, alcanzar callejeando la via Tiburtina a la altura de Pietralata, recorriendo Santa Maria del Soccorso, Ponte Mammolo o Rebibbia. Allí Pasolini encontró la inspiración para su libro *Una vita violenta*. El trayecto es una muestra de trashumancia humana. Una más.

Centro de salud mental

Roma tiene problemas con la locura y la muerte. No las acepta, sin más. Tampoco las entiende bien. Si a la segunda la tiñe de eufemismos como desaparecer, ya no está, se ha ido, en la primera disfraza los centros de psiquiatría con acrónimos tipo CSM. Todavía no ha asumido la Ley Basaglia del 78, cuando se cerraron todos los manicomios italianos y, de repente, el enfermo pasó a tener un trato más humano y personalizado, y cada uno recibía la medicación adecuada, como dios manda. Suena bien, pero claro, de sopetón el romano se topó en la calle con gente que pensaba y sentía de forma diferente, y se asustó.

En Roma, por suerte, hay muchos centros de salud mental, pero el mejor es uno pequeño que se asoma al río Aniene. Es fantástico porque, aunque se necesite prescripción médica, si uno va contra las cuerdas, algo se sacan de la manga para ayudarte. Así te evitas las doce horas de espera de media en las urgencias de cualquier hospital general. En la sala de espera siempre te espera la misma revista de cine, donde Fellini le explicaba a la periodista Oriana Fallaci sus problemas de rodilla. Ella le recomendaba un osteópata. Él comprendió que ella no estaba entendiendo nada. Le soltó: "Es la primera vez en quince años que no estoy con mi mujer (Giulietta Masina) el día de su cumpleaños. ¿Entiendes que no es de huesos el tema?". Estaba en EE.UU. para presentar *La Strada*. Con el alprazolam se resuelven muchos problemas, ahora si el diagnóstico es ansiedad con trastornos compulsivos pasan a la sertralina.

Cómo llegar

En Termini cogemos el bus 105 y bajamos en Piazza Sempione. Giramos a la derecha, recorremos veinte metros a pie y cogemos la Via Nomentana. En la Piazza Menenio Agrippa torcemos a la derecha por Via Cimone. Caminamos quince minutos hasta Monte Tomatico, que la corta. No esperen un cartel grande, ni encontrar gente gritando. La revista puede que siga ahí. Nadie la lee. Al sitio le falta un cartel que diga algo así como: "De cerca todos somos raros".

55

Sugerencias

Buscar en internet la sede de la peña barcelonista de Roma -está por ahí- aunque nadie sabe muy bien dónde exactamente. También es muy recomendable recrearse con el Aniene desde la ventana de la consulta del psiquiatra Lupo, el número uno del centro. Antes de tomar el bus 105 para volver, se aconseja probar la casquería de Trattoria Menenio Agrippa. A menos que decidan dejarle ingresado, en este u otro centro más grande. Su estilo arquitectónico es el famoso *barochetto romano*.

Una última cosa sobre el doctor Lupo. No se le ocurra decir que toma hipérico u otros fármacos homeopáticos. Sí le pueden hablar de las Flores de Bach, aunque a él le parecerán muy costosas. Si presentan mareos o despersonalización, antes de prescribir pastillas puede que le manden a una farmacia para medirse la tensión y tomarse un sobrecito de magnesio con potasio y sabor a naranja. Allí cerca estuvo ingresada la mujer de Pirandello. Sí, en un CSM. El magnesio se puede comprar en la farmacia de Piazza Sempione.

Mercatino di Porta Maggiore

Es un lugar bajo tierra donde se puede comprar y vender todo tipo de artilugios y objetos, tanto nuevos como usados. De todo, de verdad: cuberterías chinas, mecheros zippo, menaje del hogar, material para cazar jabalíes o liebres, electrodomésticos *underground*, sables orientales, pipas para fumar, gramófonos, posters antiguos de Bud Spencer o Claudia Cardinale y, por supuesto, libros, discos de vinilo, dvds, cds y cintas de casete. Todo a un módico precio. No faltan las armónicas en do para emular a Bob Dylan.

Mientras estaba haciendo esta guía acudí para buscar inspiración. En la cafetería del mercado, mientras tomaba un café sólo con anís, intentaron venderme una muñeca kokeshi de madera decorada con flores vintage, pero finalmente me decanté por un cd de Maria Callas y por dos vinilos: *I Goblin* (rock progresivo italiano y banda sonora de muchas pelis de Dario Argento) y *Passo Romano*, la banda sonora del Fascismo en Italia. Pagué tres euros y, rápidamente, los metí en una bolsa de tela con una frase de Nelson Mandela: "La educación es el arma más poderosa para cambiar el mundo". Los temas que aparecen en el segundo disco son: *Giovinezza*, Marcha de la legión (Roma reivindica el Imperio), *Ala Fascista*, *Vincere! Vincere! Vincere!*, Marcha Real, *Ritirata* (Marina italiana), *Guidonia*, *Aviazione Legionaria*, *Inno Ufficiale dei Giovani universitari* y *Fascisti* (Blanc-Bravetta). En el reverso del mismo, Sergio Balloni, director de producción, justifica el porqué de este disco: "El Fascismo fue durante 25 años el gran protagonista de nuestras confusas historias nacionales: un fenómeno, por lo tanto, que no puede negarse, ni mucho menos esconderse".

Cómo llegar

Desde Termini se puede llegar a pie. Caminamos 25 minutos por la Via Giovanni Giolitti, que cogemos al lado del McDonald (uno de los pocos sitios de Roma donde uno puede hacer sus necesidades sin necesidad de consumir). El baño está cerrado; se necesita un código para acceder. Este código te lo dan en el ticket de compra, lógicamente sólo a los clientes. Bien, basta con esperar fuera a que alguien salga y pedirle el código. Suelen ser bastante solidarios. El Mercatino está en la Via Sebastiano Grandis número siete, pasando los arcos donde confluyen los acueductos. En la zona se han creado, accidentalmente, pequeños socavones donde crecen alcaparras espontáneamente. Riquísimas en ensalada templada de pollo.

Sugerencias

De camino parar en el Mercato del Esquilino y comprar caracoles, jengibre escarchado o cúrcuma. Allí hay baños donde se puede acceder por 10 céntimos.

GSR

El Gruppo Storico Romano es una asociación cultural, sin ánimo de lucro, que nació en 1994. Su presidente, Sergio Iacomi, es apodado Nerón, y su pasión por la antigua Roma se ve a leguas. Junto a un grupo de amigos y apasionados comenzaron esta aventura el 21 de abril del mismo año, coincidiendo con la fundación de la Ciudad Eterna. La finalidad era ofrecer recreaciones históricas de ritos arcaicos, o de batallas ilustres, que hicieron de Roma la capital del mundo antiguo.

Con un estudio minucioso de cada detalle, la asociación cuenta con secciones diversas y especialistas en cada una de ellas: legión, pretoria, gladiadores, senado, vestales, antropología social, teatro, danza y música. Cada una desarrolla una intensa actividad de arqueología experimental basada en la reconstrucción de la vida civil y militar.

En su sede hay un pequeño *castrum* con un anfiteatro. Allí ensayan dos veces por semana y celebran importantes eventos (capacidad máxima para 200 personas). Cuentan con un museo interactivo y un pequeño tesoro con más de 300 objetos reconstruidos, tanto civiles como militares, referentes a la antigua urbe.

La última vez que estuve allí Nerón me dijo que quería presentarse a las elecciones para alcalde. Él y Sgarbi serían siempre mis favoritos.

Cómo llegar

Situada en la Via Appia Antica 18 es conveniente, desde Termini, coger el metro B (línea azul) en dirección a Laurentina y bajar en Circo Massimo. Al salir tomamos la Via de las Termas de Caracalla, allí cogemos el bus 118, la espera se puede hacer eterna, hasta Appia Antica-Navicella. Al bajar nos encontraremos un cartel del GSR que indica por dónde ir, un callejón oscuro y húmedo, especialmente de noche. Por allí pasa el Almone, el tercer río de Roma tras el Tíber y el Aniene. En la época imperial, cada 27 de marzo, la piedra negra de Cibeles se mostraba en procesión y terminaba sumergiéndose en sus aguas.

Sugerencias

Este grupo de locos maravillosos, amantes de Roma, ofrecen espectáculos al más puro estilo *Ben Hur* o *La Túnica*, aunque mucho mejor preparados. Al menos los preparan mejor que los guionistas de las superproducciones americanas, donde una verdad jamás

enturbiaba una buena historia. No incurren en la superficialidad de utilizar catacumbas para esconderse, como los falsos cristianos de las pelis, ni emulan a la mafia de gladiadores que durante años saquearon a turistas a las puertas del Coliseo con cifras de diez euros la foto como mínimo. No olviden consultar su web para, antes de venir, ponerse en contacto con ellos y ver qué evento tienen previstos, o si simplemente están disponibles para ustedes. Lo normal es que sí. Gratis, con amabilidad y una sonrisa siempre.

Idroscalo di Ostia

Su nombre se debe a los hidroaviones que despegaban desde allí en los años treinta, teatro de los primeros experimentos de la industria aeronáutica italiana con Italo Balbo, gobernador general de las colonias africanas, a la cabeza. El piloto era íntimo de Benito Mussolini.

A partir de los años sesenta este lugar, situado entre el río Tíber y el mar Tirreno, se convirtió en objeto de deseo tanto de set cinematográficos (la Hollywood del Tíber) como de gente desahuciada y en busca de una chabola en primera línea de playa. Un retazo lleno de historia y humanidad inesperado.

Calles sin asfaltar, ausencia de electricidad, droga y cooperación entre las casi quinientas familias que viven ilegalmente allí hacen de este espacio una zona franca romana. El bar, la iglesia con el párroco Fabio Vallini, el rap y la pesca de anguilas, lucios, carpas y doradas son las vías de escape de este punto abandonado del mundo donde murió brutalmente asesinado Pasolini en 1975. Lo mató oficiosamente el estado italiano. Oficialmente mandaron a la cárcel a un menor de edad: Piero Pelosi.

Acaban de abrir un taller donde se pueden aprenden profesiones como la de carpintero o pintor de brocha gorda. Es frecuente encontrarnos en la entrada con un tipo tocando la armónica.

Cómo llegar

En Termini cogemos el metro (línea B), dirección a Laurentina, hasta la estación Pirámide y allí tomamos el *trenino* de Ostia Lido hasta Lido Centro o Stella Polare para luego coger el bus 014, que recorre toda la costa. Duración, con algo de suerte, no más de dos horas.

En coche son 40 minutos desde Termini, pero el encanto es menor pues el trenino suele estropearse en Tor di Valle, un antiguo hipódromo donde la Roma quiere construir su nuevo estadio. A Bukowski le habría gustado apostar allí tomando vino peleón y fornicando en los baños mientras se hacía encima

sus necesidades. En las cercanías podemos encontrar hierbabuena romana.

Sugerencias

Es recomendable visitar en Via del Idrocalo el Parque literario Pasolini, y detenerse a leer alguno de los fragmentos de poesías expuestos. La mejor: "La muerte no es no poder comunicar sino no ser comprendido" (*Una disperata vitalità*, 1964). Hay fragmentos de *Le cenere di Gramsci*. El diario *La Repubblica* regaló ese año una recopilación de poesías. Mi favorita es ésta: *Ma l'odiata purezza e i peccati sognati erano il fresco sguardo dei miei occhi brucciati*. No se puede explicar, ni traducir, la poesía. Sucede lo mismo con el amor y la tragedia. Y con muchas cosas más que ahora no recuerdo.

Tened cuidado, abunda el barro, fruto de las perpetuas inundaciones que sufre la zona.

Caserío Vaccareccia

Se trata de una granja con gallinas en medio de un caserío renacentista situado en el Valle de la Caffarella. Un oasis verde creado espontáneamente no lejos del centro de la ciudad gracias a los caprichos del río Almone. Ubicada, en las proximidades de las catacumbas judías Villa Randanini, la propietaria Anna Innocenzi y sus más de dos mil ovejas representan una estampa bucólica y evocativa de Roma. El lugar inspiró a Pasolini para rodar el cortometraje *La ricotta*, con Orson Welles en el papel de director de cine dentro de la propia cinta.

Vayan y degusten la amplia gama de quesos de producción propia y no se pierdan el espectáculo de ver, dos veces al día, el ordeño de las ovejas que normalmente campan por allí a sus anchas, con la cúpula de San Pedro custodiándolas a un lado y el ninfeo Egeria vomitando agua natural y con gas al otro. Es lo más cercano al paraíso. Si le caen en gracia a Anna, igual se presta a sacarles un poco de vino y pan mientras le cuenta historias de su marido, que trabaja como enterrador en las catacumbas de San Calixto. El *Fossore* (enterrador) es el encargado de preservar las tumbas y corregir cualquier desprendimiento de la piedra toba, muy flexible y moldeable, con que están hechas.

He intentado un par de veces que los pastores me cuenten historias, pero son rumanos y no saben hablar italiano. "Trashumancia", esa fue la única palabra que les entendí. La duda es saber si se refería a las reses ovinas o al tranvía 19, que tarda dos horas en hacer su tramo y regala emociones de todo tipo a los sentidos. Lo ideal, eso sí, es cogerlo al inicio, en Risorgimento o al final en Gerani, aquí, en el barrio Centocelle, se puede tomar bacalao y pescado seco en *Il re del Baccalà*, Via Giacomo Bresadola 30. Por cierto, el pescado lo secan al sol, y sin sal. Una técnica ancestral que le otorga una duración de años.

Cómo llegar

Cogemos el metro A en Termini hasta Furio Camillo, luego recorremos a pié la Via Tommaso Fortifiocca hasta el parque

de la Caffarella. Una vez dentro del mismo proseguir por Via della Caffarella con mucha, mucha paciencia hasta llegar al caserío.

Desde Colisseo cogemos bus 118 hasta Porta di San Sebastiano. Continuamos a pie por la Via Appia Antica durante dos kilómetros aproximadamente, hasta llegar a la iglesia Quo Vadis. Después embocamos la Via della Caffarella y caminamos todo recto durante 1,8 kilómetros, atravesando una pequeña granja con llamas y ñus.

Sugerencias

Comprar queso pecorino romano y, durante el camino, recoger rúcola y moras silvestres que crecen de manera espontánea. Llevar una cantimplora vacía para llenarla cada vez que se pueda. Con suerte Anna os ofrecerá un aperitivo, pan y vino tinto de los Castillos Romanos.

Monjas y jabalíes

Esta etapa es ambigua. No tengo claro si es más importante tirar hacia lo que ofrecen las Hermanas Benedictinas o lo que muestran los jabatos. Están demasiado cerca como para no visitarlos en el mismo día, a la misma hora. Incluso como para llamar a la ruta *monjabalí*. De hecho suena mejor así, en dialecto.

Con la pandemia Roma se convirtió en un hervidero intrincado de animales que, con rigor y treta, buscaban su lugar en la urbe siglos después. Por otro lado, los monasterios abrieron sus puertas dando rienda suelta al fervor monocorde hacia sus tradiciones milenarias: venta de dulces, licores y productos naturales a base de plantas medicinales, para curar la depresión, la ansiedad o las contracturas.

Un ejemplo: la Abadía de las Monjas Benedictinas ofrece, por encargo, una amplia gama de rosquillas de vino y almendras, además de un licor casero llamado Rosolio a base de pétalos de rosa, alcohol de 96° y azúcar. Para las pastillas de los nervios te remiten a visitar la Abadía de Casamari, a una hora en coche de Roma. Este espacio sacro fue usado hace más de un siglo por los bandidos divergentes a la unificación de Italia. Se unieron a los Borbones y al Estado Pontificio para evitar que Garibaldi, Cavour, los Saboya, los judíos y algunos masones se las idearan para crear un país unificado, con una potente estructura local inoculada en una débil visión nacional.

Cómo llegar

Se tarda más de dos horas desde el centro de la ciudad, por lo que están a tiempo si prefieren desistir y dar un paseo por la Via Nazionale y visitar la basílica paleocristiana San Vitale, donde se celebró la primera misa oficial cristiana de Occidente, en honor al emperador Teodosio, por ejemplo. Si insisten, en Termini, hemos de tomar el metro B, dirección Laurentina, hasta Pirámide. Una vez allí nos dirigimos hasta la estación de Ostiense y tomamos el tren dirección Viterbo. Suele estar en el andén 12. Bajamos en Roma Montemario y, junto al antiguo manicomio, cogemos el bus 912 hasta la estación Benedettine/Profilio. En el trayecto nos encontramos una plaza con un trozo del Agro Romano donde se pueden ver jabalíes salvajes. En ocasiones el conductor de autobús tiene que parar para que la manada, en familia, cruce la calle. Una ubicación privilegiada para apreciar el pintoresco espectáculo.

Sugerencias

En Ostiense pueden colarse para coger el tren, ya que no hay tornos para acceder. Es probable que dentro le paren y la quieran poner una multa. Digan que no, que se bajarán en la próxima estación para sacar el ticket y subir de nuevo. Amaguen con hacerlo esperando que el revisor se vaya. Tampoco

hay que pasar ningún torno al salir. Repitan esta operación tantas veces como revisores vean en su periplo. Al final le pedirán algo suelto para tabaco.

Cinema Impero

En 1938 fue inaugurado el Cinema Impero para recordar el colonialismo italiano en el norte de África. Convertido a día de hoy en un centro cultural, con murales decorativos de Ennio Morricone o Anna Magnani, el cine nació con la idea de hacer creer al mundo que la Roma de Mussolini dignificaba la herencia del imperio romano. Con un estilo *art deco*, es una copia calcada del construido un año antes en Asmara (Eritrea), fue diseñado por el arquitecto Mario Messina. Sólo hay dos así en el mundo.

Esta estructura, bajo la influencia del Racionalismo italiano entremezclado con el estilo *littorio*, se dedicó a la actividad cinematográfica hasta los años setenta. Después fue un lugar de encuentro para los vagabundos de la zona. Una zona (Tor Pignattara) que, la noche del 17 de julio de 1927, se acostó provincial y se levantó romana, cosmopolita. Así nació un nuevo barrio, 40.000 habitantes aproximadamente, en la imponente y exuberante urbe capitolina.

Cómo llegar

En Termini coger la ferrovía Laziali (Via Giovanni Giolitti) y bajar en la parada Tor Pignattara. Una vez estás en Piazza della Marranella, recorrer andando medio kilómetro embocando la via Acqua Bullicante. Es el número 133.

Otra opción es el bus 105, en la estación central de Termini, bajar en Casilino/Tor Pignattara y caminar deteniéndose en la Escuela Carlo Pisacane, antes llamada Luigi Michelazzi. Ahí, a dos pasos del Cinema, se encontraba la sede del partido fascista en el barrio.

Sugerencias

Visitar el Ecomuseo Casilino ad Duas Lauros días antes para conocer la historia de la zona. La calle donde se encuentra el cine contenía antiguamente un foso de agua con una importante presencia de hidrógeno sulfúreo. Esta costilla de Roma fue urbanizada entre 1930 y 1942. El tranvía, con más de un

siglo de vida, se desviaba justo ahí para evitar la marrana, una importante acumulación de agua que socavaba la Casilina.

Es recomendable, además de visitar el museo, detenerse en Fatti di Farina para desayunar un café con *frappe* y *castagnole*, especialmente en los meses de enero o febrero. Los primeros son el equivalente a los pestiños, las segundas saben como las rosquillas caseras, pero son pelotas de golf cubiertas de azúcar y rellenas de chocolate, crema o requesón y pera.

Si les queda algo de tiempo contacten con la antropóloga Irene Rinaldi (Associazione Ottavo Colle) para hacer un tour por el Borgheto degli Angeli, un pequeño lugar donde se dibujan historias remotas de lucha, de disputas estudiantiles o de devociones a la Virgen por las casas o edificaciones fascistas. A destacar los murales dedicados a Ciro Principessa.

Mercado gitano

Si lo buscan por la página web oficial aparece
con el nombre "Asociación Cultural de In-
tegración Social; reutilización de productos,
intercambio y negociación". En realidad, es un
suk gestionado, en su mayor parte, por gitanos
llegados desde los múltiples campamentos
de la urbe. Uno de ellos se encuentra en Via
Salviati (zona Tor Sapienza), y está habitado
por dos etnias de distinto origen y con sus
respectivas religiones: bosnios musulmanes
y serbios ortodoxos.

Pero volvamos al mercado. Para acceder es
necesario pagar cinco euros por una tarjeta
con validez para un año. Después, en cada
visita, hay que pagar un euro por entrar y otro
por aparcar, porque allí es imposible llegar si
no es en coche. La mercancía es variopinta y
los precios son asequibles, a veces ni existen.
Es lo que tiene el intercambio.

Tetas de plástico, ordenadores nuevos y viejos, lámparas, zapatos, bicis, escopetas y arpones para pescar es lo más llamativo de un lugar que parece El Corte Inglés en rebajas. En Navidad, los domingos abren a las 6.30, y es común ver los dos accesos, uno cuesta cuatro euros y está cerca de la entrada, y otro un euro, aunque está mucho más lejos, casi perdido en una colina en medio de la nada, completamente llenos de italianos. Una vez me robaron una bicicleta desmontable del Decathlon y dos días después la encontré allí. Lógicamente la compré: 20 euros que al final quedaron en quince. Estaba entre las cientos de maletas que se pierden misteriosamente en muchos vuelos aéreos. Vayan, porque es probable que esté la suya de su último viaje a Roma.

Cómo llegar

Se encuentra en Via Ardeatina 850, en dirección Parroquia del Divino Amore. Con el coche ya es complicado porque hay que tomar la salida 24 desde el GRA y una vez se llega al cruce girar a la derecha, en dirección al supermercado Conad. Allí hay un puesto ambulante de perritos calientes y bocatas de pollo empanado. Les aconsejo preguntar y él les dirá el camino que coger, porque no

está asfaltado y es fácil confundirse. Una vez que se llega al lugar se abre un mundo de gitanos intercambiando cosas inimaginables como bayonetas, móviles Alcatel, Mochilas Invicta o calcetines Kappa.

Otra opción es coger el metro B en Termini dirección Laurentina, nos apeamos en la última parada y allí tomamos el bus 720 hasta el Centro del Bivio (parada nº16). Presten atención cuando pasen por Cecchignola, la ciudad militar por excelencia de Roma, situada cerca de Tor Pagnotta, una zona de campo romano decorada con caseríos medievales. En el Renacimiento se apropiaron de ellas los Papas.

Sugerencias

Hay mercados similares en Roma, aunque ninguno está gestionado íntegramente por gitanos, como Porta Portese (Trastevere) y Porta Portese Est (Via Palmiro Togliatti). En este último hay *mici mititei*, salchichas rumanas a la brasa. Exquisitas.

Tour de basura Ama Roma

Sí, la ciudad, a ojos de los romanos, y de los turistas, está muy sucia. Hay cientos de miles de rebosantes contenedores repartidos por toda la urbe. Además, el decorado suele completarse con sofás, frigoríficos o televisiones antiguos abandonados. La gente dice que esto sucede desde que cerraron el vertedero de Malagrotta, pero no es verdad.

Pasolini decía que Roma olía a pis, y que el problema no era ese sino catalogarlo como algo negativo, cuando en realidad ese olor es inherente al ser humano. Poetas como Belli, Trilussa o Marziale (que recomendaba a sus enemigos el vino de la colina vaticana porque sabía a agua y tenía muchos posos), y un buen puñado de genios más subrayaron esta peculiaridad de la capital italiana que la acompaña prácticamente desde su nacimiento. Incluso Rafael Alberti en su libro *Roma, peligro para caminantes*, menciona el olor a orina en cada rincón de una ciudad maldita y podrida, pero poética. Crónicas de 1860 hablan de que era la segunda ciudad más sucia de Europa, tras Nápoles, y que hedía a coliflor hervida.

Cuando Roma se unificó, los Saboya comenzaron a construir y remodelar nuevos barrios. Para ello usaron la propia ciudad, como vertedero al aire libre, para depositar los escombros sobrantes. Muchos años después, se hicieron varios anuncios de publicidad protagonizados por futbolistas, entonces de la Roma (Bruno Conti o Falcao), y actores como Nino Manfredi, donde instaban a la población a ser más limpia, pero Roma fue siempre así ¿Y si el problema es que se niegan a aceptarlo?

Curiosamente la empresa encargada de recoger de basura se llama Ama Roma.

Cómo llegar

Es muy fácil y casi imposible a la vez. No hay lugares precisos y el decorado suele ser variopinto, errante y espontáneo. Se recomienda seguir el anillo del Grande Raccordo Anulare en coche saliendo en algunas de las arterias que lo van cortando. Muy recomendables: Via

Palmiro Togliatti, La Rustica, Tor di Nona, Tor Bella Monaca, Tor di Quinto, Fidene, Rebibbia, Giardinetti, Ponte Galeria, Labaro o Monte Antenne, donde hay un campamento gitano abandonado. Se llama Ex Villaggio Azzuro. Aún se pueden ver restos de chatarra oxidada, madera, peluches quemados y algún que otro acordeón.

Conclusión

Si la basura en Roma existe desde que está el Coliseo o incluso antes de las primeras basílicas paleocristianas de San Pedro o San Pablo, pregúntense por qué tiene que ser algo malo. Sobre todo si los psicólogos dicen que si una conducta se mantiene en el tiempo es porque aún es funcional. Sólo hay que averiguar el motivo de esa función.

Villaggio Olimpico

Es una especie de *new town* a la romana, sin alma, con una profusa vegetación, una arquitectura formidable, sin iglesia y con un abandono importante. Se construyó para los 17° Juegos Olympicos, los primeros televisados en Italia. Los años del boom, de la mirada hacia el futuro. Luigi Moretti, Alberto Libera y Vincenzo Monaco, entre otros, fueron los arquitectos que participaron en la construcción de este no lugar. Imaginaron una ciudad diversa, utópica y autosuficiente. Tomando como ejemplo a Le Corbusier, pusieron todo su empeño en explotar el concepto de la tensión, de la arquitectura ligera que incluso parece sostenerse en el aire. Lo ideal es perderse por las calles que hoy llevan el nombre de las naciones que acogieron, y toparse con los grupos escultóricos que emulan a las señoritas de Botero.

Participaron casi sesenta países y seis mil deportistas. Fueron los primeros Juegos mediáticos. Sí, los de Bikila descalzo, pero eso ya es otra historia. Esta es más sugestiva y emocionante. No es fácil encontrar el Villaggio Olimpico, salir es prácticamente imposible. ¡Cosas del Racionalismo y los barrios dormitorio pensados para ser autosuficientes!

Cómo llegar

Desde Termini cogemos la línea A del metro y bajamos en Flaminio (dirección Battistini). Después tomamos la línea del tranvía 2, también llamada Deseo porque siempre está en obras. Bajamos en la estación Palazzetto dello Sport, diseñado por el ingeniero Pier Luigi Nervi para los Juegos Olímpicos de 1960.

La otra opción desde el centro es ir a pie hasta Piazza del Popolo, atravesar Porta Flaminia y seguir todo recto por la Vía Flaminia recogiendo las algarrobas que caen de los árboles para hacer el té en casa, en el hotel, en un camping o aprovechando los campamentos gitanos abandonados.

Sugerencias

Para los amantes del boxeo. Los grandes triunfadores, con guantes, de esos Juegos fueron Nino Benvenuti y Mohamed Alí, pero quien ganó en realidad el oro de los pesos pesados fue Francesco de Piccoli. No tuvo mucha repercusión en los periódicos. Todavía está vivo y reside en el norte de Italia. Sigue diciendo que en un hipotético combate contra Cassius Clay habría ganado él, el gran Franco. Nunca se lo organizaron. Esa es su pena.

Para amortiguar el impacto que produce el barrio es recomendable visitar antes Tor di Nona o Laurentino 38, dos zonas del extra-rradio que desprenden lo mismo: inquietud, curiosidad y ganas de escapar, para luego ir a

la Villa. No olviden visitar, enclaustrado entre Tor di Quinto, el Tíber, el Auditorium y el Corso Francia, la estación del tren Vigna Clara. Proyectada para el Mundial de Italia 90, nunca llegó a inaugurarse porque no cabían los trenes. En el camino, cientos de millones de euros de inversión al aire de Roma.

Ladrón de bicicletas

El set de varias escenas importantes de la película neorrealista *Ladrón de bicicletas,* dirigida por Vittorio de Sica, está en las zonas del extrarradio romano Tufello y Val Melaina, dos de los suburbios populares que Mussolini mandó construir entre 1930 y 1937. Allí, concretamente en Viale Gran Paradiso, haciendo esquina con Via Scarpanto y no demasiado lejos de Via delle Isole Curzolane, hay un edificio donde se rodaron algunas de ellas. Como dato curioso, fue un funcionario del estado quién dio vida en la película al protagonista; Antonio Ricci. Hoy es una vivienda popular.

Hoy esos bloques de pisos no se levantan en medio de un campo salvaje y fértil, pero aún preservan el áura de otro tiempo: aroma a café o hierbabuena, solidaridad extrema, delincuencia, amoralidad, indiferencia, soberbia y furor. Todavía se puede recoger agua con gas del manantial y comprar, a granel, todo tipo de detergentes y productos de limpieza en el mercado. El precio de estos productos oscila en torno a los 80 céntimos el litro. Conviene llevar un recipiente de al menos tres litros para que el ahorro merezca la pena. A la vuelta se puede comprar café en grano para que nos lo tuesten en el momento. La Torrefazione se encuentra justo enfrente del Mercato Tufello, próxima al gimnasio popular Valerio Verbano y el centro cultural Defrag, donde están pensando incorporar un curso de tipografía antigua.

Cómo llegar

En Termini cogemos el metro, Línea B, dirección Jonio (última estación). Una vez allí caminamos durante diez minutos aproximadamente por la calle Valle Melaina. Hay casas con gallinas por la zona.

Si cogemos el bus 90, también en Termini, recorreremos toda la Via Nomentana y llegaremos hasta Piazza Sempione. Luego giraremos a la izquierda por Viale Adriatico hasta la parada Monte Gennaro. Continuaremos a pie por Via delle Vigne Nuove (otro suburbio oficial) y, tras recorrer doscientos metros, giramos a la izquierda. Aquí es mejor preguntar porque llegar no es nada fácil. Se recomienda hacerlo en la biblioteca Ennio Flaiano.

Sugerencias

Visitar el recinto popular, el gimnasio de la zona dedicado a Verbano, militante comunista asesinado a golpe de pistola en Roma en 1980. Colabora, junto con otro gimnasio de Palermo, para llevar material deportivo a la franja de Gaza, donde otrora participaron en la construcción de un gimnasio para que potenciales boxeadores

locales pudieran entrenar. También mujeres y niños. La iniciativa sigue viva. El lugar ha sido incendiado varias veces, presuntamente por grupos neofascistas. Antes de acudir es recomendable leer el libro *El fascismo del antifascismo* (Pasolini) para comprender dos cosas; el fascismo como tal ya no existe e insistir en él puede resultar más dañino que la tele, la publicidad o la industria del consumo.

El sastre del Papa

En Via Borgo Pio se haya la sastrería de Raniero Mancinelli, que opera en Roma desde 1962. Ha trabajado para tres Papas, y cuenta que para vestirles basta con pocos miles de euros. Habla de tiaras, sombreros de copa y Concilios Vaticanos y, además, lo hace muy bien. Claro y conciso.

Es difícil verle separado de su cinta métrica y sus enormes tijeras, que tejieron para Francesco, Ratzinger y Juan Pablo II. No hay pérdida, su casa se encuentra justo al lado del McDonald de Borgo Pio, un espacio que el Vaticano, según crónicas del diario *Il Messaggero*, alquiló a la franquicia por el módico precio de 30.000 euros al mes y que, de noche, ofrece comida a los indigentes de la zona, una buena hamburguesa con patatas fritas y coca cola sin hielo. En Italia no se consume hielo; el que hay es picado como el de las películas americanas de serie B.

Este episodio se iba a llamar Corte y confesión porque a pocos pasos de allí, en la parte de la columnata de Bernini, próxima a la Posta Italiana, hay un peluquero que, un día a la semana, corta gratis el pelo a los sintecho en los baños públicos que el Papa Francesco ordenó abrir hace años. Es un fijo, incluso en periodo de pandemia con las peluquerías cerradas. Es uno de los pocos sitios de Roma donde se puede ir gratis al baño, pero disimulen un poco.

Cómo llegar

Cogemos el metro A desde Termini hasta Ottaviano. Antes de recorrer Via Ottaviano y atravesar Piazza del Risorgimento, esquivamos el núcleo Vaticano desviándonos hacia el Mercato Trionfale (Via Andrea Doria). Lo ideal allí es aprovechar para comprar erizos de mar frescos para la pasta y huevos para beber *in situ*, o para hacer *zabaione*, postre a base de yema de huevo, azúcar de caña y vino de Marsala.

Desde Termini cogemos el bus 64 y recorremos Via Nazionale, Corso Vittorio Emmanuele y bajamos antes del puente, junto al Tevere. Lo cruzamos a pie y, en el primer

quiosco, recomiendo comprar *L'Osservatore Romano* y un par de calendarios: uno de papas guapos y otro de Mussolini. Ambos muy interesantes e ilustrativos, especialmente el segundo. El primero hay quien lo usa como sustituto del porno.

Sugerencias

Una vez se encuentre en la zona del meollo católico es recomendable acudir a la Via Barletta, donde se encuentra Dolce Maniera, un laboratorio de repostería. Son poco más de diez metros cuadrados bajo tierra abiertos las 24h del día en cualquier época del año. Los croissant de chocolate blanco a cincuenta céntimos merecen la pena. Enloquecían al Papa según las crónicas de Roma. "Un caleidoscopio de sabores", decía. Pero todo esto también puede ser mentira. La tienda, sin embargo, no.

Criquet y yogur

Donde corta el Grande Raccordo Anulare (Autopista A90) con la Via Appia Nueva, no lejos del Metro Anagnina, ni del aeropuerto Ciampino, se encuentra el Hipódromo Capannelle, el único templo dedicado a la hípica en funcionamiento de toda Roma. Hay carreras de trote y galope, pero lo más interesante no está exactamente ahí, en esa actividad que concentra a todos los apasionados de los caballos.

En verano suele haber conciertos, pero cuando no hay carreras de caballos ni conciertos, en la parte del final, conforme se entra, se abre una amplia pradera verde que el club de criquet de San Pedro utiliza para jugar sus partidos como local, y para algún que otro entrenamiento. Es gratis, y sí, es el equipo de criquet del Vaticano, compuesto por seminaristas. Por supuesto, no hay ningún español. Sólo miembros de la Commonwealth.

Suelen jugar los sábados, un día antes del gran mercado ecológico ubicado fuera del recinto. Este es el más grande de toda Roma. Entre los puestos se encuentran los chicos de Barikama, una cooperativa agroecológica, basada en un proyecto único de micro renta, fundada y gestionada por socios africanos. En pocos años han pasado de trabajar en un régimen de asalariados en los campos de Calabria a gozar de una autogestión laboral que, además, les garantiza la inserción en la sociedad italiana. Sus yogures caseros elaborados con leche de Amatrice son sencillamente exquisitos. También tienen fruta y verdura de estación. No subestimen los rábanos.

Cómo llegar

En Termini cogemos el tren que va a Velletri, hay ofertas por tres euros ida, hasta la estación de Capannelle. No se tarda más de diez minutos en llegar.

En metro o bus es prácticamente imposible, necesitarían algo más de dos horas. Descartado el taxi, por costoso, es preferible y más agradable hacer el trayecto a pie desde San Giovanni, donde comienza la Via Appia Nuova. Son doce kilómetros, pero es maravilloso porque nos da la opción de hacer algunos tramos por la Via Tuscolana, pasando incluso por Cinecittà, la fábrica de sueños de Fellini, el lugar que cautivó a Clint Eastwood y a Charlton Heston. También pasaremos por Via del Cinema, el *Sunset Boulevard* de Roma, o mejor dicho el Salón de la Fama romano, con estrellitas en el suelo y demás -mi favorita es la de Vittorio Gassman-, en cuyos bares hacen deliciosos capuchinos con canoli sicilianos, lo del corazoncito de cacao en la crema es opcional.

Sugerencias

Tanto si están en Anagnina y quieren ir al aeropuerto, como si acaban de aterrizar a

Ciampino provenientes de cualquier parte y lo que desean es ir a Roma a bajo precio, es recomendable coger el bus 515. Durante el trayecto podrán ver acueductos romanos. Sí, los de las pelis de *Nerón*, *Quo Vadis!* y *La Túnica*. Mi abuelo me decía siempre: "Dios, ¡cuánto me gustan las películas de romanos!", lo que habría disfrutado aquí.

INFORMACIÓN ÚTIL

Blog de Julio Ocampo. https://julioocampoart.wordpress.com/blog/

Grande Raccordo Anulare (GRA): Autovía circular, de unos 70 Km., que rodea Roma.

Termini. (Piazza del Cinquecento) Estación de ferrocarril de Roma. Enlaza con las líneas A y B del Metro. De la línea B sale una costilla, la C, aun incompleta.

Lecturas obligatorias. *Roma di notte. Guida illustrata per i visitatori senza alloggio,* de Giuseppe Sciuto, y *Hotel Penicillina* de Andrea Turchi, Marco Passaro y Anna Ditta. El primero ejerce de cicerón para dormir gratis en la solemnidad de la noche romana. El segundo nos habla de la antigua fábrica de penicilina, un edificio monstruoso, inaugurado por Aleksander Fleming, y reconvertido en refugio para los sin techo.

Servicios gratis. Se pueden usar los del Mercato del Esquilino, concretamente en el patio que comparte con la facultad de lenguas orientales, o los adyacentes a las columnas de Bernini (próximo a La Posta Vaticana). También puedes usar los de cualquier biblioteca pública. La mejor es Gianni Rodari, ubicada en el Parque Tor Tre Teste, cerca del lago de las tortugas asesinas que lo devoran todo. La Universidad Tor Vergata hizo un estudio sobre ellas y extrajo datos interesantes: más de doscientos tipos diferentes, alguna incluso llegada de Vietnam.

¿Dónde Lavar la ropa? A pocos kilómetros de Roma, en Colonna, hay lavanderos públicos en uso. También en la Casa Calda, en Via Casilina, a la altura de Tor Tre Test. O en los baños de la Plaza de San Pedro. Cerca de Colonna, por cierto, se encuentra el museo del *Trenino Laziali*. Tiene más de cien años de vida, y sigue en uso.

Adoptar un cachorro. En Roma hay dos perreras: Ponte Marconi y Muratella, donde suele haber cachorritos preciosos. Me gusta Ponte Marconi porque desde arriba se pueden ver caballos a orillas del Tíber (hay un rancho allí donde también se baila country) y el viejo cinódromo, donde hoy entrenan los *All Reds* de Roma, un maravilloso equipo de rugby.

Cursos y salidas para coger setas, níscalos y comprar miel. Se organizan en una una sede de micología que hay en Via dello Scalo de San Lorenzo.

Playa y termas. En invierno es recomendable ir cerca de Viterbo para disfrutar de las Termas del Acqua Bullicame, las dantescas, sí, al aire

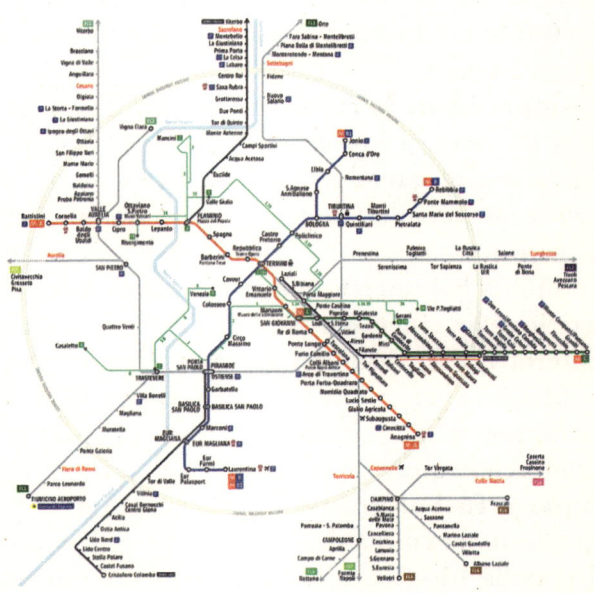

libre. En verano la opción más interesante está en el *cancello* (punto de acceso a la playa) número uno de Castel Porziano, a diez minutos de Ostia. Hay duchas gratis y un bar donde se puede comer fritura de pescado. Diez *cancellos* más allá, en dirección Torvaianica, está Capocotta, una playa nudista, donde también hay campos para jugar al *voley-playa*.

Tomar sandía. En el punto en que se cruzan Torre Maura y Torre Spaccata hay un kiosko donde, solo en verano, se sirve sandía fría. A Fellini le fascinaba, por cierto. En italiano se dice *cocomero*.

Comprar pan barato. En Via dei Fiori los viernes pasa, a eso de las ocho de la tarde, Massimo, es panadero, y se dedica a recorrer todas las panaderías del barrio para recoger el pan que sobra y así evitar que lo tiren. Lo compra a bajo precio y luego lo revende en el barrio. Por cinco euros te suele dar un saco entero. Eso sí, has de conservar el saco para la próxima vez. Si lo llevas con migas, las tira para que se las coman las palomas. Todo se aprovecha aquí.

Jugar a fútbol gratis: En el parque de Tor Tre Teste, la colina del Trullo, en San Basilio, Tor Bella Monaca o la Storta hay campos de fútbol sala espontáneos, improvisados, de forma casual, en tierra. En muchos casos las porterías siguen siendo mochilas. También hay otro en el barrio de la Casetta Mattei, cerca del cementerio Prima Porta, junto a una colina frecuentada por vacas.

Leer gratis: En el corazón del Quarticciolo hay un frigorífico abandonado que hace de biblioteca. Los libros se pueden consultar gratis, incluso puedes llevártelos a casa. Pero si lo que quieres es leer la prensa diaria entonces debes ir al centro, concretamente a via del Mascherino (a dos pasos de San Pedro). Allí está Michellen Lounge Bar, cada día compran *Il Messaggero* y *Corriere dello Sport*, los diarios romanos por excelencia. Puedes degustar un estupendo *bresaola* con rúcola mientras te pones al día.

Zonas a evitar, o no.

-Via Salaria, Via Cristoforo Colombo, Via Palmiro Togliatti o Castel Porziano, cerca del mar de Ostia, concretamente a dos pasos de la Tenuta del Presidente de la República. Suele estar frecuentado por prostitutas.

-Via degli Olmi, junto al Acueducto Alessandrino, frecuentado por prostitutas transexuales. Al pasar por allí suelen decir *"Vuoi godere?"* (¿quieres gozar?). Son frecuentes, además, en la Via dei Pescatori, junto a la antigua Villa de Plinio y no demasiado lejos de Ostia Antica.

-Zona Appia Antica, Appio Claudio, Tuscolana y Cinecittà. Cerca del parque de los Acueductos, donde se rodaron escenas de La Gran Belleza y La Dolce Vita, entre otras, es la zona de prostitución gay.

-Por la zona de San Lorenzo, barrio comunista, lacerado en su día por las bombas americanas durante la II Guerra Mundial, suele haber trapicheo de hachís.

-Barrio Quarticciolo, una de las mayores plazas de tráfico de drogas en Europa. Fundado por Mussolini como suburbio oficial, tiene uno de los mejores teatros de la ciudad.

Mapa

1. Area Archeologica di Gabii
2. Casale Della Vaccareccia
3. Rovine di Camerata Vecchia
4. Via Monte Tomatico
5. Cinema Impero
6. Ippodromo Capannelle
7. Borgo Pio
8. Stazione Prenestina
9. Scuola Gladiatori Roma, Gruppo Storico Romano
10. Idroscalo
11. Chiesa Parrocchiale di San Giovanni Bosco
12. Il Miglio d'Arte
13. Vela di Calatrava
14. Tufello
15. Lago Sandro Pertini
16. Il mercato integrato
17. Mercatino Franchising Porta Maggiore

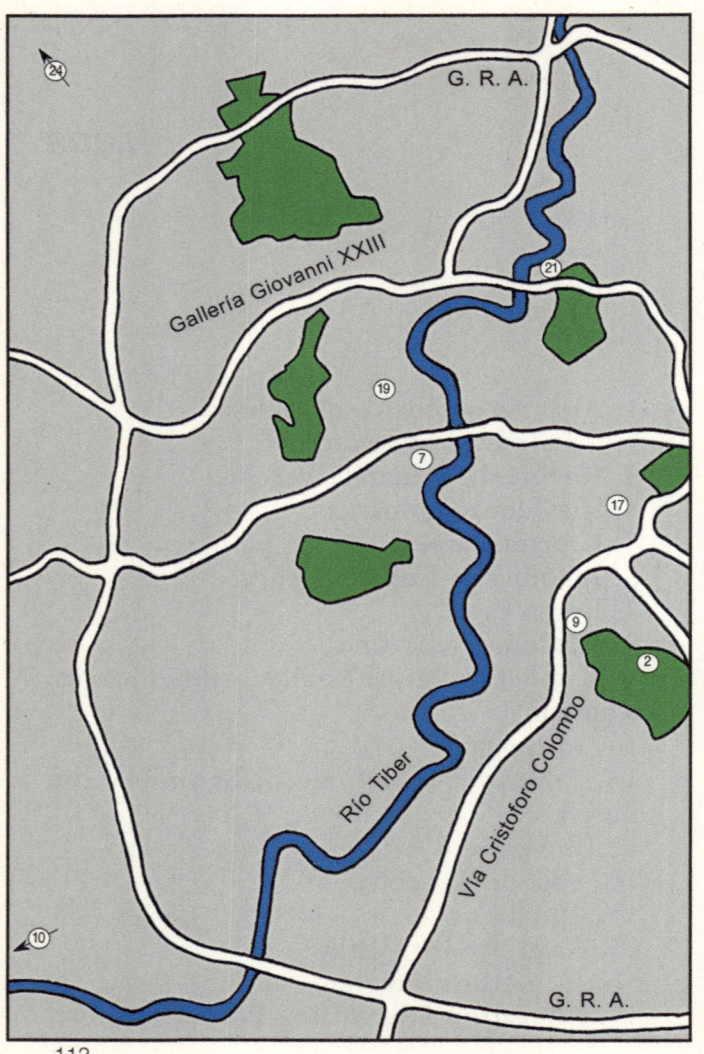

G. R. A.

Gallería Giovanni XXIII

Río Tiber

Vía Cristoforo Colombo

G. R. A.

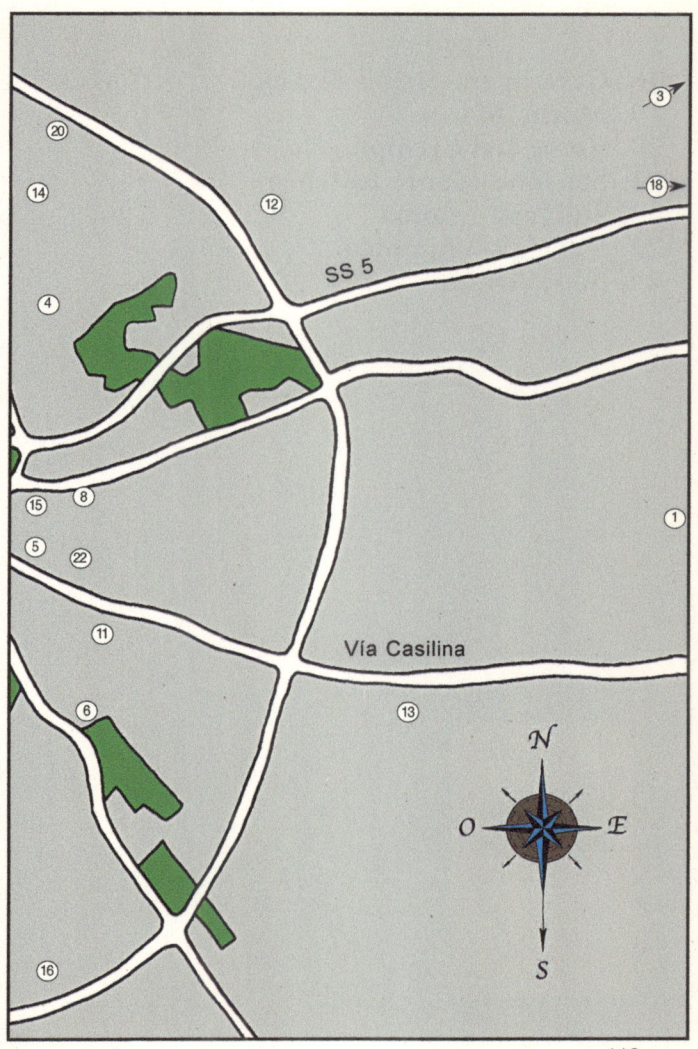

SS 5

Vía Casilina

N
O   E
S

113

18. Cave di travertino di Tivoli
19. Monte Mario
20. Rome Italy Temple
21. Stazione Monte Antenne
22. TuliPark - Roma
23. Villaggio Olimpico
24. Sutri/Arpino

Notas

Los autores

Julio Ocampo es periodista, fotógrafo, guía y escritor. Nació en 1981 en Badajoz aunque vive en Roma desde hace lustros. Colabora con diversos medios de comunicación, y es además guía de la Basílica de San Pedro. Ha realizado varias exposiciones fotográficas, y sueña con efectuar una que recoja la simbiosis entre basura y obras de arte.

Martí Viladomat Llorens, vive en Sant Feliu de Llobregat. Graduado en Diseño Industrial por la Escola Massana ha trabajado como delineante y proyectista industrial. Actualmente colabora con la publicación digital Fet a Sant Feliu, y esporádicamente con Contrabaix. Desde el 2014 practica el *urban sketcher* con diversos grupos de Catalunya.

Índice

Más libros de viajes

Córdoba, Más allá de los tópicos
Federico Abad
Ilustrado por
Fernando Ángulo

Una ciudad se pierde si alguien no la escribe. La frase de Italo Calvino podría resumir la actitud de Alex Chico al enfrentarse a Barcelona, pues a partir de ella inicia un rescate literario y emocional de la que considera su ciudad. Y es que cada rincón de la urbe, cada calle, cada monumento, ofrece una posibilidad literaria, como si toda ella floreciese cuando el escritor sabe observarla. Alex Chico conoce bien Barcelona y puede decirse que se ha dedicado a ella en cuerpo y alma durante mucho tiempo. Pero eso no es para él ninguna garantía, sino un nuevo acicate para intentar conocerla mejor, para acercarse más a sus gentes, para disfrutar otra vez de sus escritores, para dejarse llevar por el vagabundeo entre sus calles.

Barcelona
Mapa infinito
Álex Chico
Ilustrado por
Joan Ramon Farré B.

Una ciudad se pierde si alguien no la escribe.
La frase de Italo Calvino podría resumir la actitud de Alex Chico al enfrentarse a Barcelona,
pues a partir de ella inicia un rescate literario
y emocional de la que considera su ciudad. Y
es que cada rincón de la urbe, cada calle, cada
monumento, ofrece una posibilidad literaria, como
si toda ella floreciese cuando el escritor sabe
observarla. Alex Chico conoce bien Barcelona
y puede decirse que se ha dedicado a ella en
cuerpo y alma durante mucho tiempo. Pero eso
no es para él ninguna garantía, sino un nuevo
acicate para intentar conocerla mejor, para
acercarse más a sus gentes, para disfrutar otra
vez de sus escritores, para dejarse llevar por el
vagabundeo entre sus calles.

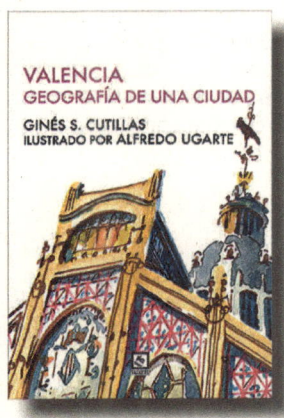

Valencia
Geografía de una ciudad

Ginés S. Cutillas
Ilustrado por
Alfredo Ugarte

Existen muchas Valencias: la estudiantil, la gastronómica, la de la huerta, la marinera, la nocturna, la alternativa, la inmigrante, la intelectual... Pero por encima de todas ellas destacan dos: la habitada por aquellos que nunca abandonaron sus lindes y otra, habitada en ausencia, por aquellos que se vieron obligados a abandonarla.

Ginés S. Cutillas vuelve a su ciudad natal en una suerte de geografía personal, con mirada renovada gracias a la distancia y al tiempo, para explicar el pulso de la urbe a quien se acerque a ella por primera vez y a aquellos que la habitan.

Valencia. Geografía de una ciudad rememora rincones de una Valencia que ya no existe y que, sin embargo, definen la ciudad que hoy conocemos.

Berlintopía
Alberto Llamas
Ilustrado por
César Pigino

Berlintopía es una incursión en el alma de una de las grandes capitales de Europa. Huyendo de los lugares comunes, este cuaderno de viaje nos sumerge en la verdadera forma de ser de la ciudad. Al margen de los grandes museos y las avenidas suntuosas de la capital imperial, el libro nos muestra el Berlín de sus habitantes, diversos y heterodoxos. Edificios ocupados, antiguos búnkeres de la época nazi, salas de exposición y cualquier espacio donde se muestre la contracultura, el Berlín que ha sido meca del arte y la innovación.

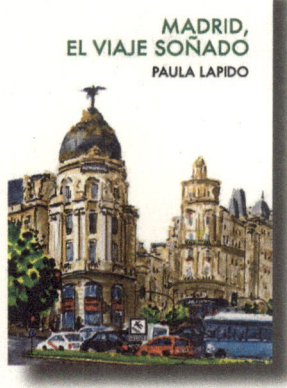

Madrid, el viaje soñado

Texto e ilustraciones
Paula Lapido

A lo largo de estas páginas circulan, cada uno por su Madrid, varios personajes que habitaron la ciudad en diferentes momentos del tiempo y se volvieron, a su modo, madrileños. El Madrid que ellos conocieron se entrelaza con el actual en un mapa de capas translúcidas compuesto de lugares que todavía permanecen y otros que ya no existen. Porque Madrid, sobre todas las cosas, está hecho de las gentes que vinieron para quedarse y de los que lo siguen haciendo cada día. Un caleidoscopio de historia, recuerdos y futuro, en continuo movimiento.

Historias de Pekín
Texto e ilustraciones
Juan Gonzalo Lerma

Pekín son muchas historias, y cada historia tiene sus protagonistas; emperadores, princesas, traidores, generales, sabios y campesinos construyeron esta ciudad inmortal que es mucho más que sus inmensos palacios y jardines. Historias de Pekín, a través de los personajes que la engrandecieron o arrasaron, nos permite conocer esta ciudad que se alza en busca del cielo. Entre la historia y la leyenda, oculta por las inmensas avenidas, por los rascacielos y el bullicio multitudinario, en los resquicios de la gran urbe moderna, queda este Pekín eterno.

Un instante en Roma

Rafael Lamas
Ilustrado por
Juan Gonzalo Lerma

Roma reúne todos los tiempos y todos los espacios. Es el origen, el centro del arte y de parte de la historia. Este libro nos lo muestra. Friedrich Nietzsche se enamoró en Roma de la joven Lou Andrea Salomé, una de las mujeres más bellas e inteligentes de su época. Un año más tarde, en pos de su recuerdo, el filósofo pasea por la Ciudad Eterna tratando de responder algunas preguntas.

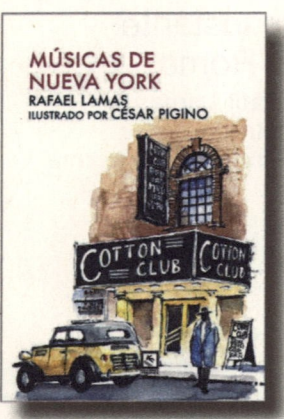

Músicas de Nueva York

Rafael Lamas
Ilustrado por
César Pigino

Músicas de Nueva York nos ofrece un recorrido por la ciudad de los rascacielos y los lugares emblemáticos de su universo musical: los grandes teatros, las salas de concierto, pero también los estudios de grabación o los lugares donde vivieron las estrellas. Templos como el Belasco o el Cotton Club, cantantes como Billie Holiday, intérpretes como Astor Piazzola, pianistas como Sergei Rachmaninoff o Bill Evans componen y dan forma a *Músicas de Nueva York*.

Málaga.
Cuaderno de viaje
Mónica López
Ilustrado por
Rafael Comino Casas

Fenicios, romanos, árabes, cristianos, todos los pueblos que han pasado por Malaka han dejado su huella en la llamada Ciudad del paraíso. Tomando como punto de partida la literatura, Mónica López Soler pasea por las numerosas ciudades que conforman Málaga, se asoma a sus rincones e indaga en su personalidad, recuperando sus leyendas y exponiendo sus conflictos. Un paseo cuyo fin es el recorrido en sí mismo y que nos ayudará a encontrar nuestra propia Ciudad del paraíso.

Otros libros de viajes

Sicilia Paseada
Vincenzo Consolo
Un viaje apasionante por Sicilia, cuna de la cultura, hogar de mitos, lugar de encuentro y mezcla de múltiples civilizaciones.

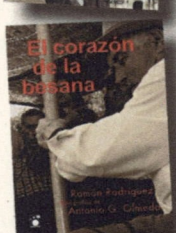

El corazón de la besana
Ramón Rodríguez
Fotografías de Antonio G. Olmedo
Siguiendo los pasos de los viajeros románticos del siglo XIX, R. Rodríguez recorre los secos y escarpados caminos del Sureste de la península buscando las raíces de unas músicas y tradiciones a punto de desaparecer.

Lecturas y lugares
José Luis García Martín
Los libros son ventanas de papel que nos permiten asomarnos al universo, mientras que las ciudades son volúmenes ilustrados de una inagotable biblioteca hecha de calles, piedras y nostalgia.

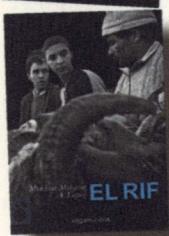

El Rif
Mokhtar Mohatar
Fotografías de J. A. López
El Rif es un cuaderno de viaje, pero también una recopilación de relatos donde los propios rifeños nos muestran cómo son sus vidas y los cambios que estos tiempos de incertidumbre les imponen.